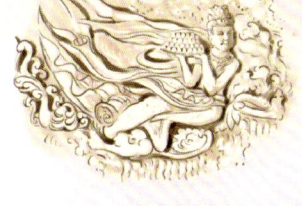

嗨，小朋友，
我们选个什么时间见面？
我有一些心愿要告诉你。
这里寄托着从古至今无数人的愿望，比如帝王的愿望、
贵族的愿望、平民的愿望。
但我还想看到你的愿望。
你可以来这里找我：河南省洛阳市洛龙区伊河两岸边。
我叫龙门石窟。

遗产会说话故事绘本

我就是龙门石窟

棍记 绘　　新开明 编

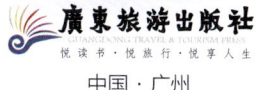
广东旅游出版社

中国·广州

我诞生在一片繁华之地,那便是千年古都洛阳。

当时统治这片宝地的,是一位鲜卑族皇帝,名叫拓跋宏,后来人们称他为北魏孝文帝。

公元493年,洛阳龙门山的西边崖壁上,叮叮当当的敲打声响了起来。

人们在这里挖掘洞窟,塑造佛像。

崖壁下伊河流淌,崖壁上匠人忙碌。派遣这些匠人的,便是孝文帝拓跋宏。

孝文帝开凿的这个石窟,叫作古阳洞,是为了追念自己祖母而造的。

　　原来,孝文帝有一位挚爱的祖母冯太后,此时已经去世近3年。为了给她祈福,孝文帝特地在洛阳开凿石窟,塑造佛像。

　　就在石窟开凿不久,孝文帝将都城从边塞之城——平城(今山西大同),搬到了中原腹地洛阳,还将自己的名字改成了元宏,全面推行汉化改革(改变鲜卑族的风俗习惯,接受汉族文化)。

自从搬了新都,北魏的王公贵族、官吏、僧侣纷纷前来龙门造像。

当时,举国崇佛。孝文帝造了一佛二菩萨,贵族、僧侣们又在洞中雕刻小窟,塑造小佛像。

古阳洞里的小窟越来越多,越来越多,后来竟达到了1000多个。

人们不仅雕塑佛像,还在古阳洞里留下许多碑刻题记,记载了为孝文帝、为亲人祈福的心愿。没想到这些碑刻书法十分优秀,后来竟扬名海内外。人们评出了"龙门十二品",古阳洞就占了十一品。

  拥有千年宝藏的古阳洞,跟我到底有什么关系呢?

  你可算问到点上了。

  这个古阳洞,便是我的第一个石窟,一个为了挚爱亲人而生的地方。而在第一个石窟之后,又有人来建其他洞窟。

孝文帝来我这儿为祖母建窟,孝文帝的儿子——北魏宣武帝,也来我这儿为父亲建窟。

他打算建3座窟，叫作宾阳中洞、宾阳南洞、宾阳北洞。

这是一个十分浩大的工程,用了超过80万人,建造了24年之后,还只有一个宾阳中洞完工。

此时北魏宫廷经历了政变，已天翻地覆，主持开凿石窟的人也病故了，3座洞窟的计划最终半途而废。

在我这儿响了30年的叮叮当当声，终于不再那么频繁了。

欢迎来到混乱的南北朝,我是东魏皇帝元善见。

随着时间流逝,拥有洛阳这片宝地的人,换了一批又一批。

我也跟着经历了一个又一个朝代。

北魏、东魏、西魏、北齐、隋、唐……

人们不断地前来我这儿,在我身上开窟雕凿、塑像绘画。

我还没有告诉过你,人们一直把我叫作皇家石窟。

我的诞生跟帝王家有关,我1500多年的成长也跟帝王密不可分。

那么,到我这儿来的王公贵族们,都有着什么心愿呢?

公元641年,历史来到了大唐时代。

唐太宗李世民的第四子,也就是魏王李泰,选中了未完工的宾阳南洞,继续开凿洞窟,雕造佛像。落成之日,唐太宗亲临龙门,十分开心。

*依据龙门石窟佛像文物描绘，颜色细节有想象成分。

如果说魏王李泰有什么愿望,除了为母亲祈福,应该就是继承皇位,成为大唐皇帝了。

魏王李泰这次造像,是为了给已故生母长孙皇后祈福,也是为了讨唐太宗欢心。

但唐太宗最终并没有把皇位传给魏王李泰,登上皇位的是唐高宗。

我的故事，正是在唐高宗时代，来到了最激动人心的高潮。

原来，唐高宗有一位聪明能干的皇后，就是后来大名鼎鼎的武则天。

这位皇后对我的影响，可以说是无与伦比。

唐高宗登上帝位后，奉先寺这个"天子一号功德窟"，在我这儿轰轰烈烈开工了。

武皇后亲自出手，赞助了两万贯脂粉钱。有了这个榜样，王公贵族纷纷效仿。

巨大的卢舍那大佛横空出世,矗立在伊河边上,慈祥地俯视众生。

开光的那一刻,人们忍不住惊叹:这尊巨佛的面容,不正是皇后的样子么?

巨大的卢舍那大佛造像,正是按照武皇后的容貌仪态雕刻的。

武皇后率领文武百官参加开光仪式,在对岸礼佛,击鼓奏乐,留下了擂鼓台。擂鼓台旁边的石窟,也被称作"擂鼓台三洞"。

这位聪明的皇后,拥有一颗绝无仅有的雄心。

她赞助了卢舍那大佛像龛的开凿,掀起了石窟造像风潮,很快西山崖壁上就布满了大大小小的洞窟,人们又在东山开始开窟造像。

叮叮当当声响彻日夜,将近两百岁的我在这个时代神采焕发。

而那位武皇后,也渐渐接近了大唐帝王的宝座。公元690年,武则天称帝,成为女皇帝。

　　当这位传奇的女皇帝在我这儿建造佛像的时候,她许下的愿望,也许就是成为一代传奇帝王吧!
　　而她也确实做到了。
　　她成了中国历史上唯一一位女皇帝,也是一位雄才大略的帝王。

盛大的唐朝不但是中国历史的辉煌时代，也是我的辉煌时代。

我的窟龛现存2300多座，造像10万余尊，而唐朝时就贡献了60%的洞窟，密密麻麻分布在千米崖壁上。

我的诞生，我的兴盛，全都跟帝王密不可分，但如果你以为我只跟帝王有关，那可就错了。

一代代帝王各有自己的心愿，一代代百姓也有自己的愿望。

1500多年的时间里,我见过许多王公贵族来我这儿塑造大佛,开凿大窟,发愿祈福。

我也看到过乱世贫民来我这儿,为家人雕造一个小小佛龛,祈求国家和平,家人平安。

贵族家的妻子为亡故丈夫祈福，平民家的姐姐为出征弟弟许愿，这些都令我感动。

他们许愿的方式，有时候是塑造大佛，有时候是雕刻一个小小的观音像。

我发现了一个有趣的地方,那就是人们的喜好总是在变。

有时候他们喜欢瘦的,在我这儿做的塑像便身体修长、脸庞瘦削,好像神仙一样超凡脱俗。

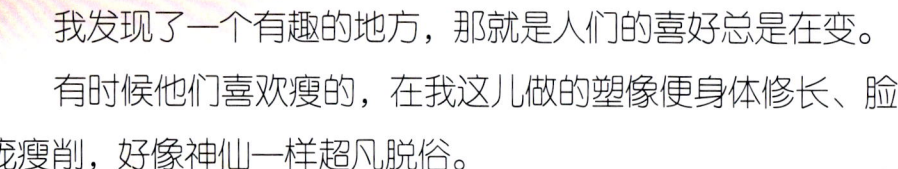

有时候他们又喜欢胖的，在我这儿的塑像便丰满圆润，雍容华丽。但无论哪一种，我都喜欢。

我因为帝王而诞生,但我知道,我不只属于历史上的帝王。
我还属于一代代百姓,是他们寄托思念和期望的地方。
我是所有人的许愿之地。
我的名字是——**龙门石窟!**

龙门石窟许愿大会

① 来，大家都有什么心愿，说说！

武则天

中国历史上唯一一位正统女皇帝，一生十分传奇。龙门石窟奉先寺的卢舍那大佛造像，据说就是按照她的形象塑造的。武则天还捐了两万贯脂粉钱。

② 为什么是你主持？

拓跋宏

北魏孝文帝，中国历史上杰出的少数民族政治家、改革家。拓跋宏迁都洛阳，实行汉化改革，自己也改姓元，所以又名元宏。他是龙门石窟的始建者。

③ 这没什么奇怪，皇帝她都当上了。

④ 多行善事。

卢舍那大佛

奉先寺的主佛，高17.14米，头高4米，耳朵长达1.9米，是龙门石窟规模最大的造像。大佛面部丰满圆润，以神秘微笑著称，被国外游客誉为"东方蒙娜丽莎""世界最美雕像"。

⑤ 女皇威武！

伎乐人

万佛洞刻有六身伎乐人，这是排在前方的舞伎，正是白居易《胡旋女》诗歌描绘的形象。舞伎披帛飘扬，旋转飞舞，穿越时空带来了大唐歌舞盛况。

⑥ 接着奏乐，接着舞。

力士

奉先寺内的力士十分威武，有大唐风范。唐朝时期的洞窟外一般会站着二力士，这些力士都是"肌肉男"，力感十足。

⑦ 这位力士，我记得你就是女皇捐钱建的。

外来乐器

龙门石窟现存17种乐器雕绘中，有9种是西域传来的。曲颈琵琶和五弦琵琶、箜篌等乐器，由波斯、印度通过佛教传来，对中国音乐产生了巨大冲击力。龙门石窟的壁画不但有这些乐器，还有演奏它们的伎乐人形象。

⑧ 女皇确实捐了脂粉钱，做了好事。

⑨ 所以你们很满足，没有别的心愿？

⑩ 有！当然有！我捐一尊佛像，祈愿我儿远征平安。

看经寺罗汉

龙门石窟的看经寺很特别，这里没有主佛，而是雕造了令人震撼的罗汉群像。29尊高浮雕罗汉像，身高都在1.8米左右，神态各异，栩栩如生。

贵妇

武则天掀起了捐资造像的风潮，那时候许多贵妇也在龙门石窟祈愿造像。武则天时期的唐朝贵妇，是十分活跃、充满能量的女性。

⑪ 我要为我祖母祈福，她生前最疼爱我了。

⑫ 这样平凡的愿望很不错。

贵族

王公贵族造像风潮，其实从拓跋宏开始建造龙门石窟时就一直延续不断，但在武则天时期可算是一个高潮。

唐太宗

唐太宗李世民是中国古代最著名的帝王之一，他是杰出的政治家、战略家、军事家，还是一名诗人。

⑬ 父皇，我也要为母亲祈福！

⑭ 我觉得你的愿望没有那么简单，你是不是偷偷许愿继承皇位？

李泰　唐太宗第四子，他跟唐高宗李治都是长孙皇后所生。李泰很有才华，曾经是唐太宗最宠爱的儿子，但唐太宗最终还是传位给李治。

李治　即唐高宗，唐朝第三位皇帝。他有位著名的皇后，就是后来成为女皇帝的武则天。

⑮ 每个皇子都想当皇帝，这没什么奇怪。

高洋　北齐文宣帝高洋是北齐开国皇帝。南北朝是一个分裂的时代，政治混乱，但石窟造像也没有停止。在最黑暗的时代，那些贫苦之人，或许更需要一个祈愿的地方，但他们只能在小角落里造一些小像。

⑯ 要用正当手段哦！

观音像　这尊菩萨像十分经典，被称为龙门石窟"最美观世音"，位于万佛洞。这尊观音像仪态万千、婀娜多姿，但遭到了损毁，十分令人遗憾。数字复原技术可以让我们看见她曾经的美丽，或许你会在展览中遇见她呢。

⑰ 比如在龙门石窟造像许愿?

隋文帝

隋文帝杨坚是隋朝的开国皇帝,他统一全国,励精图治,但摊上了一个臭名昭著的儿子——隋炀帝杨广。杨广野心勃勃,终于登基上位,结果却导致了隋朝的灭亡。

⑱ 这个想法也不错。

飞天

飞天是佛和菩萨的侍从,分伎乐天(奏乐、舞蹈)和供养天(散花、捧香炉、供珠宝)。这尊北魏飞天手捧香炉,姿态袅娜。龙门石窟有不少文物流失海外。如今海外流失文物正在逐渐回归。

⑲ 每个美好的愿望都值得重视。

宾阳洞

宾阳洞由宾阳北洞、宾阳中洞、宾阳南洞组成,"宾阳"二字是"迎接初升太阳"之意,但这组洞窟从一开始就带有"宫斗"色彩,它的停建、复建都与政治斗争有关。

龙门石窟

龙门石窟南北长达1公里,现存窟龛2300多座,造像10万余尊,碑刻题记2800余品。它的建造历经北魏、东魏、西魏、北齐、隋、唐、五代,历时400多年,是一个集石刻、绘画、文学、音乐、医学、宗教等为一体的文化宝库,也是历史的见证者。

⑳ 龙门石窟是艺术,是历史,也是愿望的产物。

图书在版编目(CIP)数据

我就是龙门石窟 / 棍记绘；新开明编. — 广州：广东旅游出版社，2023.8
（遗产会说话故事绘本）
ISBN 978-7-5570-3035-3

Ⅰ. ①我… Ⅱ. ①棍… ②新… Ⅲ. ①龙门石窟—儿童读物 Ⅳ. ① K879.23-49

中国国家版本馆 CIP 数据核字 (2023) 第 070085 号

出 版 人：刘志松
策划编辑：方银萍
责任编辑：方银萍
装帧设计：谭敏仪
责任校对：刘光焰　黄　琳
责任技编：冼志良

＊特别说明：本书佛像相关画面依据龙门石窟文物描绘，细节有想象成分。

我就是龙门石窟
WO JIUSHI LONGMEN SHIKU

出版发行：广东旅游出版社

（广州市荔湾区沙面北街71号首层、二层）
邮　　编：510130
邮购电话：020-87347732（总编室）　020-87348887（销售热线）
投稿邮箱：2026542779@qq.com
印　　刷：佛山家联印刷有限公司
　　　　　（佛山市南海区桂城街道三山新城科能路10号自编4号楼三层之一）
开　　本：889毫米×1194毫米　20开
印　　张：2.8
字　　数：20千字
版　　次：2023年8月第1版
印　　次：2023年8月第1次印刷
定　　价：39.50元

扫码听听
我们的故事

[版权所有　侵权必究]
本书如有错页倒装等质量问题，请直接与印刷厂联系换书。

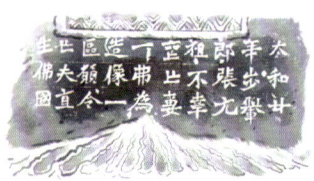